FICHE DE LECTURE

Document rédigé par Catherine Bourguignon
maitre en langues et littératures françaises et romanes
(Université catholique de Louvain)

Rhinocéros
Eugène Ionesco

lePetitLittéraire.fr

Rendez-vous sur lePetitLittéraire.fr et découvrez :

- plus de 1200 analyses
- claires et synthétiques
- téléchargeables en 30 secondes
- à imprimer chez soi

Code promo : LPL-PRINT-10

10 % DE RÉDUCTION SUR www.lePetitLittéraire.fr

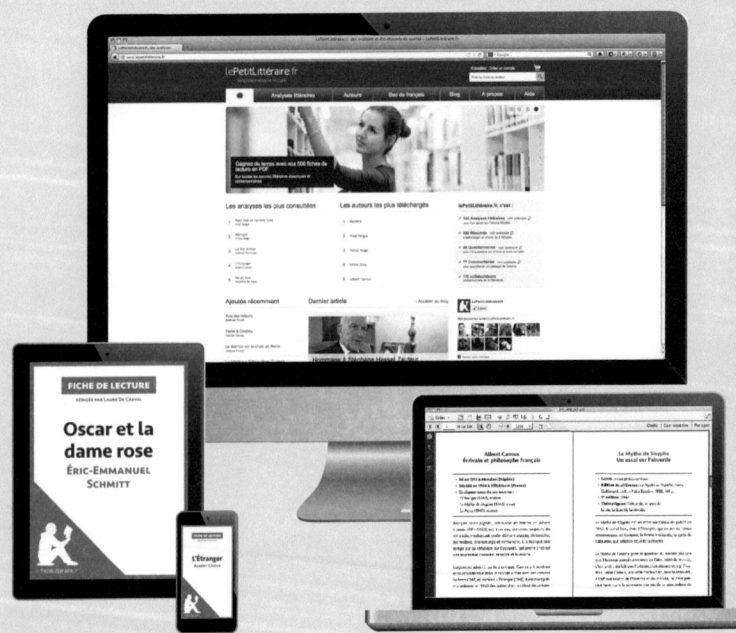

RÉSUMÉ 6

ÉTUDE DES PERSONNAGES 9
Bérenger
Jean
Botard
Dudard
Daisy
Le logicien

CLÉS DE LECTURE 12
Une dénonciation des totalitarismes
Une satire du langage stéréotypé
Le pouvoir de la volonté
Un mélange de comique et de tragique
Le théâtre de l'absurde

PISTES DE RÉFLEXION 15

POUR ALLER PLUS LOIN 16

Eugène Ionesco
Dramaturge français

- **Né en 1909 à Slatina (Roumanie)**
- **Décédé en 1994 à Paris**
- **Quelques-unes de ses œuvres :**
  La Cantatrice chauve (1950), pièce de théâtre
  La Leçon (1951), pièce de théâtre
  Le roi se meurt (1962), pièce de théâtre

Né d'un père roumain et d'une mère française, Eugène Ionesco (1909-1994) arrive en France un an après sa naissance et sera naturalisé français en 1951. Son œuvre théâtrale (*La Cantatrice chauve*, 1950 ; *La Leçon*, 1951 ; *Les Chaises*, 1952, etc.) a marqué la littérature : il est aujourd'hui l'un des dramaturges français les plus joués dans le monde. Soucieux d'être compris, il a aussi laissé beaucoup de commentaires sur son œuvre (*Notes et contre-notes*, 1962 ; *Journal en miettes*, 1967, etc.). Il fut élu à l'Académie française en 1970.

Ionesco est le chef de file du théâtre de l'absurde, nouveau genre théâtral qui vient, au lendemain de la Seconde Guerre mondiale, bousculer les règles du théâtre classique.

Rhinocéros
Une contre-utopie originale

- **Genre:** pièce de théâtre
- **Édition de référence:** *Rhinocéros*, Paris, Gallimard, coll. «Folio», 1959, 246 p.
- **1re édition:** 1959
- **Thématiques:** métamorphose, totalitarisme, conformisme, volonté, lutte

Rhinocéros est une pièce publiée en 1959 et jouée pour la première fois la même année. Elle met en scène une étrange épidémie, la «rhinocérite», par laquelle les habitants d'une petite ville se métamorphosent en rhinocéros. En mêlant comique et tragique, cette pièce montre les dangers du conformisme qui fait disparaitre la pensée individuelle et favorise la mise en place des idéologies totalitaires. Elle est aujourd'hui, comme *La Peste* de Camus (écrivain français, 1913-1960) ou *1984* d'Orwell (écrivain britannique, 1903-1950), un classique mondial de la littérature antitotalitaire.

RÉSUMÉ

Jean et Bérenger s'installent à la terrasse d'un café pour boire un verre, sur la place d'une petite ville. Jean, un bourgeois prétentieux, reproche à Bérenger son air négligé : il a les cheveux hirsutes, il ne porte pas de cravate, son costume est chiffonné et il a encore abusé de la boisson la veille. Plus globalement, Jean critique le manque de volonté de Bérenger sans comprendre le malêtre qui se cache derrière son comportement. Lorsque Daisy, une collègue de Bérenger, arrive, ce dernier, qui éprouve des sentiments pour elle, se cache car il ne veut pas qu'elle le voie dans cet état. Il confie à Jean qu'il n'a plus gout à rien et qu'il se sent lourd. Seul l'alcool le rend léger. Jean exhorte alors son ami à se prendre en main. Pour lui, tout est question de volonté et il faut profiter de son temps libre pour se cultiver. Mais, alors que Bérenger est prêt à aller au musée l'après-midi et au théâtre le soir même, Jean refuse de l'accompagner, prétextant que l'après-midi, il fait la sieste (« C'est dans mon programme », p. 57) et que le soir, il est invité à une fête (« J'ai promis d'y aller, je tiens mes promesses », p. 58).

À ce moment, un rhinocéros passe devant le café. Jean, la serveuse et le patron du café, ainsi que les épiciers d'en face, sont stupéfaits. Seul Bérenger n'y voit rien d'extraordinaire. Passe ensuite un deuxième rhinocéros. L'épisode provoque le même effet : la stupeur de Jean et des autres personnes présentes sur la petite place, l'indifférence de Bérenger. Un grand débat commence alors.

Est-ce le même rhinocéros que le premier ou pas ? Avait-il une ou deux cornes ? Est-ce un rhinocéros d'Afrique ou un rhinocéros d'Asie ? Bérenger et Jean se disputent. Ce dernier part. Le logicien vient pour éclairer la situation, mais il ne résout absolument rien («Le problème est posé de façon correcte», p. 86).

Au travail, les collègues de Bérenger se lancent dans un grand débat. Daisy affirme avoir vu un rhinocéros et un article du journal corrobore ses dires, mais Botard n'y croit pas. Bérenger, ne sachant pas dire si le rhinocéros avait une ou deux cornes, passe encore pour un ivrogne. Ils apprennent alors qu'un rhinocéros se trouve devant l'entrée et est en train de détruire l'escalier. Il s'agit de M. Bœuf, un de leurs collègues. Son épouse repart sur son dos. Comme ils ne savent plus descendre par l'escalier, Daisy appelle les pompiers, mais ceux-ci sont surchargés de travail : on recense dix-sept rhinocéros dans la ville, contre sept le matin. Malgré ces évènements, Botard continue de ne pas trop y croire. Il prétend avoir la clé du mystère et connaitre les traitres. Les pompiers arrivent et font sortir les employés un à un par la fenêtre.

Lorsque Bérenger se rend chez Jean pour s'excuser de leur différend de la veille. Jean est alité. Il ne se sent pas bien, mais il est persuadé que cela ne peut pas lui arriver d'être malade : il dispose d'une hérédité parfaite, est en bonne santé et n'a pas besoin de voir un médecin. Peu à peu, il verdit, ses raisonnements se font plus animaliers («Je dois chercher ma nourriture», p. 148 ; «qu'ils [les hommes] ne se mettent pas en travers de ma route, je les écraserais», p. 152) et une bosse apparait sur son front : il se transforme en rhinocéros. Bérenger sort de l'appartement. Tous les autres habitants de l'immeuble se sont aussi transformés en rhinocéros et, dans la rue, il aperçoit un troupeau de rhinocéros.

Bérenger rentre chez lui et Dudard, un collègue, vient lui rendre visite. Bérenger est sous le choc suite à la transformation de Jean en rhinocéros. Il a très peur de la contagion. Il essaie de se convaincre qu'avec de la volonté, il pourra rester humain. Dudard, par contre, relativise : pour lui ce n'est qu'une épidémie de rhinocérite, c'est tout naturel. Il raconte que leurs chefs, M. Papillon et M. Botard (pourtant sceptique face à l'épidémie de rhinocérite) se sont transformés eux aussi. Daisy arrive pour réconforter Bérenger. Le téléphone sonne : des bruits de rhinocéros se font entendre au bout du fil. La radio ne diffuse plus que des bruits d'animaux. Les magasins de la ville sont saccagés ou « fermés pour cause de transformation » (p. 210). Visiblement attiré par les rhinocéros et craignant de déranger Daisy et Bérenger, Dudard s'en va et se transforme lui aussi en rhinocéros.

Daisy et Bérenger, se retrouvant à deux, filent alors l'amour parfait. Mais ils ont l'impression de vivre vingt-cinq ans en cinq minutes : leur couple s'effiloche et Daisy finit par s'en aller, elle aussi attirée par les rhinocéros. Bérenger reste seul face à son miroir (« Ce n'est tout de même pas si vilain que ça un homme ») : il est le dernier humain et veut lutter jusqu'au bout.

ÉTUDE DES PERSONNAGES

BÉRENGER

Il représente l'homme moyen. Employé de bureau, il mène une existence monotone, sans beaucoup de distractions. Il souffre d'un certain mal de vivre (« Je me sens mal à l'aise dans l'existence [...] Je ne me suis pas habitué à moi-même », p. 42). Timide et peu confiant en lui, il n'ose pas avouer ses sentiments à sa collègue Daisy et semble d'ailleurs plus ébranlé par le passage de cette dernière que par celui du rhinocéros. Rêveur, voire apathique, il néglige son apparence. S'il résiste à la tentation de la rhinocérite, c'est instinctivement, plus parce qu'il est solitaire que solidaire. Il est en quelque sorte un antihéros : son ultime parole (« Je ne capitule pas », p. 246) est un défi aux monstres, qui en fait un héros malgré lui.

Outre dans *Rhinocéros*, le personnage de Bérenger apparait dans trois pièces de Ionesco : *Tueur sans gages* (1959), *Le roi se meurt* (1962) et *Le Piéton de l'air* (1963).

JEAN

C'est un homme soigné et élégant. Grand bourgeois très prétentieux, il manque sérieusement d'indulgence envers son ami Bérenger, se montre dur avec lui (« J'ai honte d'être votre ami », p. 19) et ne se gêne pas pour lui faire la leçon.

Il prétend avoir réponse à tout. Ce personnage intransigeant et féroce, voire agressif, était tout destiné à se transformer en rhinocéros.

BOTARD

Ce personnage représente les clichés univoques de la propagande totalitaire : sans cesse en colère, il parle par sous-entendus et se contredit, parfois dans une même phrase. Il se vante de son esprit méthodique, de son antiracisme, et critique ouvertement les patrons, l'Église et les journalistes. Au départ, il ne croit pas aux rhinocéros. Il prétend connaitre les responsables de cette « machination infâme ». Après s'être indigné violemment face à la transformation de son chef, M. Papillon, il se métamorphose à son tour, par lâcheté et conformisme.

DUDARD

C'est l'intellectuel typique qui veut expliquer la réalité et qui en arrive, à force de vouloir l'éclaircir, à la minimiser. Quand il va rendre visite à Bérenger, complètement bouleversé par la transformation de son ami Jean, il ne comprend pas pourquoi celui-ci s'inquiète et l'invite à relativiser, trouvant que les évènements ne sont absolument pas graves. Vu sa sérénité, Dudard parait le mieux armé pour résister à la tentation de la rhinocérite. Pourtant, à force de peser les choses, il en arrive à perdre toute lucidité et cède à l'appel du nombre.

DAISY

Cette jeune secrétaire blonde est le seul élément féminin de la pièce, et représente la femme aimée et consolatrice. Très réaliste, elle pense plus à déjeuner qu'à se laisser impressionner par la vague de rhinocérite. Mais elle n'a pas la force nécessaire pour s'engager dans la lutte aux côtés de Bérenger : la tentation de se fondre dans la masse est la plus forte et elle va rejoindre les rhinocéros.

LE LOGICIEN

Ce personnage ne fait que quelques apparitions dans la pièce, mais il a son importance : il représente l'inverse de Bérenger. Symbole des idéologues et des pseudo-intellectuels, il construit des raisonnements truqués qui aboutissent à des conclusions burlesques. Il succombe vite à l'épidémie.

CLÉS DE LECTURE

UNE DÉNONCIATION DES TOTALITARISMES

Dans cette pièce, tous les personnages, sauf un, se transforment peu à peu en rhinocéros. Ionesco dénonce ici une certaine forme d'abdication : plutôt que de rester humain (ce qui implique de penser ses actes, de faire des choix et de défendre ses opinions), les hommes préfèrent lâchement suivre leur instinct animal et se fondre dans la masse, dans un certain conformisme. On peut y voir une critique du nazisme, mais également considérer cette pièce comme une dénonciation de tous les systèmes totalitaires. Les rhinocéros représentent en effet très bien les formes de pensée totalitaristes : ils écrasent tout sur leur passage et ne laissent aucune place à l'opposition.

UNE SATIRE DU LANGAGE STÉRÉOTYPÉ

Dans cette pièce, le langage est central : c'est presque lui le personnage principal. Or, en lisant les paroles prononcées par les personnages de la pièce, on se rend rapidement compte qu'ils parlent tous dans le vide : les répliques sont des lieux communs, des formules banales qui se succèdent avec une prétendue logique. Lorsque Jean, au début du premier acte, fait la morale à Bérenger, il semble répéter une leçon dont il n'a jamais vu lui-même les effets (il se contredit en effet par la suite, quand il dit qu'il fait la sieste au lieu d'aller au musée). Botard ne s'exprime aussi que par clichés et passe d'une idée à l'autre. Au début de la pièce, Bérenger est atteint du même mal. Mais lui, peu à peu, tente de donner un contenu aux mots et sent qu'il ne faut pas démissionner.

Ionesco déconstruit le langage, et mène la guerre aux clichés et aux stéréotypes. Cette déconstruction s'intègre à une critique de la société : les dialogues mécaniques, illusoires, parodiques, mettent en effet en valeur l'inanité de la communication entre des êtres qui ne s'écoutent pas entre eux, qui parlent mais qui finalement ne disent rien.

LE POUVOIR DE LA VOLONTÉ

Ce thème est omniprésent dans la pièce. Dès le début, Jean, lorsqu'il critique Bérenger, exhorte ce dernier à avoir plus de volonté, à être moins mou. Ensuite, au fur et à mesure que s'amplifie l'épidémie de rhinocérite, Bérenger compare les cas, s'inquiète du risque de contagion et se demande si l'on peut, si on le veut, résister à la tentation. Il tente de se persuader que c'est une affaire de volonté. Finalement, il parvient à affirmer sa décision de ne pas se transformer en rhinocéros : « Je ne capitule pas. » (p. 246)

UN MÉLANGE DE COMIQUE ET DE TRAGIQUE

Si *Rhinocéros* commence sur un registre insolite et comique (un rhinocéros apparait dans une petite ville, mais les habitants continuent de vaquer à leurs occupations dérisoires), la pièce devient peu à peu tragique et fantastique (les transformations se multiplient et il ne reste plus qu'un homme pour résister). «Pessimiste gai», Ionesco se sert du comique pour décrire une situation tragique : l'impossibilité pour les hommes de communiquer entre eux.

LE THÉÂTRE DE L'ABSURDE

Avec Beckett (écrivain irlandais, 1906-1989) notamment, Ionesco est le fondateur du théâtre de l'absurde, un courant qui a vu le jour après la Seconde Guerre mondiale et qui se caractérise par la remise en cause de la dramaturgie traditionnelle (absence de véritable intrigue, personnalité des protagonistes pas très marquée, spectacle total où les aspects visuels et auditifs ont énormément d'importance, etc.), l'émergence du sentiment de l'absurdité de l'homme et de la vie, ainsi que le thème de la communication impossible entre les êtres. Ce nouveau théâtre rappelle les thèmes existentialistes des œuvres de Sartre (écrivain et philosophe français, 1905-1980) et de Camus, mais si l'absurde de ces derniers débouchait sur un engagement ou sur une révolte, l'absurde d'Ionesco semble, au contraire, s'immobiliser dans un tragique total.

PISTES DE RÉFLEXION

QUELQUES QUESTIONS POUR APPROFONDIR SA RÉFLEXION...

- Qu'est-ce qui fait de Bérenger un antihéros ?
- *Rhinocéros* est-elle une dénonciation ? Expliquez.
- Comparez cette pièce de Ionesco à *1984* d'Orwell. Le propos et le dessein des deux auteurs est-il le même ?
- Pourquoi, selon vous, Ionesco a-t-il choisi de transformer les hommes en rhinocéros et pas en un autre animal ?
- Comparez la place et la fonction du langage dans cette pièce et dans *La Cantatrice chauve*, du même auteur.
- L'œuvre d'Ionesco se rattache au théâtre de l'absurde, qui lui-même rappelle les œuvres de Camus et de Sartre. En quoi la conception de l'absurde de Ionesco se différencie-t-elle de celle de ces deux auteurs ? Se montre-t-il plus pessimiste ou, au contraire, plus optimiste que Camus et Sartre ?
- En quoi le théâtre de l'absurde est-il lié au contexte historicopolitique dans lequel il a vu le jour ?
- Selon vous, cette pièce est-elle une comédie ou une tragédie ? Justifiez votre avis.

POUR ALLER PLUS LOIN

ÉDITION DE RÉFÉRENCE

- IONESCO E., *Rhinocéros*, Paris, Gallimard, coll. «Folio», 1959.

Un an avant de publier la pièce *Rhinocéros*, Ionesco a écrit une nouvelle portant le même titre. Elle se présente comme un récit à la première personne et livre une histoire similaire à celle de la pièce: le narrateur, Bérenger, raconte dans un texte au passé la transformation progressive de tous les habitants de la ville en rhinocéros. À la fin de la nouvelle, il se contemple dans la glace, angoissé à l'idée de ne pas être comme les autres. C'est sur ce dernier point que la pièce et la nouvelle diffèrent: dans la pièce, la réaction de Bérenger est plus affirmée car il assume sa condition humaine.

ÉTUDES DE RÉFÉRENCE

- HAMON P. et ROGER-VASSELIN D. (dir.), *Le Robert des grands écrivains de langue française*, Paris, Le Robert, 2000.
- FROIS E., *Rhinocéros. Ionesco*, Paris, Hatier, coll. «Profil littérature», 1992.

SUR LEPETITLITTÉRAIRE.FR

- Commentaire de l'incipit de *Rhinocéros*

- Commentaire du monologue final de Bérenger dans *Rhinocéros*
- Fiche de lecture sur *La Cantatrice chauve* d'Eugène Ionesco
- Fiche de lecture sur *La Leçon* d'Eugène Ionesco
- Fiche de lecture sur *Le roi se meurt* d'Eugène Ionesco

Retrouvez notre offre complète sur lePetitLittéraire.fr

- des fiches de lectures
- des commentaires littéraires
- des questionnaires de lecture
- des résumés

ANOUILH
- Antigone

AUSTEN
- Orgueil et Préjugés

BALZAC
- Eugénie Grandet
- Le Père Goriot
- Illusions perdues

BARJAVEL
- La Nuit des temps

BEAUMARCHAIS
- Le Mariage de Figaro

BECKETT
- En attendant Godot

BRETON
- Nadja

CAMUS
- La Peste
- Les Justes
- L'Étranger

CARRÈRE
- Limonov

CÉLINE
- Voyage au bout de la nuit

CERVANTÈS
- Don Quichotte de la Manche

CHATEAUBRIAND
- Mémoires d'outre-tombe

CHODERLOS DE LACLOS
- Les Liaisons dangereuses

CHRÉTIEN DE TROYES
- Yvain ou le Chevalier au lion

CHRISTIE
- Dix Petits Nègres

CLAUDEL
- La Petite Fille de Monsieur Linh
- Le Rapport de Brodeck

COELHO
- L'Alchimiste

CONAN DOYLE
- Le Chien des Baskerville

DAI SIJIE
- Balzac et la Petite Tailleuse chinoise

DE GAULLE
- Mémoires de guerre III. Le Salut. 1944-1946

DE VIGAN
- No et moi

DICKER
- La Vérité sur l'affaire Harry Quebert

DIDEROT
- Supplément au Voyage de Bougainville

DUMAS
- Les Trois Mousquetaires

ÉNARD
- Parlez-leur de batailles, de rois et d'éléphants

FERRARI
- Le Sermon sur la chute de Rome

FLAUBERT
- Madame Bovary

FRANK
- Journal d'Anne Frank

FRED VARGAS
- Pars vite et reviens tard

GARY
- La Vie devant soi

GAUDÉ
- La Mort du roi Tsongor
- Le Soleil des Scorta

GAUTIER
- La Morte amoureuse
- Le Capitaine Fracasse

GAVALDA
- 35 kilos d'espoir

GIDE
- Les Faux-Monnayeurs

GIONO
- Le Grand Troupeau
- Le Hussard sur le toit

GIRAUDOUX
- La guerre de Troie n'aura pas lieu

GOLDING
- Sa Majesté des Mouches

GRIMBERT
- Un secret

HEMINGWAY
- Le Vieil Homme et la Mer

HESSEL
- Indignez-vous !

HOMÈRE
- L'Odyssée

HUGO
- Le Dernier Jour d'un condamné
- Les Misérables
- Notre-Dame de Paris

HUXLEY
- Le Meilleur des mondes

IONESCO
- Rhinocéros
- La Cantatrice chauve

JARY
- Ubu roi

JENNI
- L'Art français de la guerre

JOFFO
- Un sac de billes

KAFKA
- La Métamorphose

KEROUAC
- Sur la route

KESSEL
- Le Lion

LARSSON
- Millenium I. Les hommes qui n'aimaient pas les femmes

LE CLÉZIO
- Mondo

LEVI
- Si c'est un homme

LEVY
- Et si c'était vrai...

MAALOUF
- Léon l'Africain

MALRAUX
- La Condition humaine

MARIVAUX
- La Double Inconstance
- Le Jeu de l'amour et du hasard

MARTINEZ
- Du domaine des murmures

MAUPASSANT
- Boule de suif
- Le Horla
- Une vie

MAURIAC
- Le Nœud de vipères

MAURIAC
- Le Sagouin

MÉRIMÉE
- Tamango
- Colomba

MERLE
- La mort est mon métier

MOLIÈRE
- Le Misanthrope
- L'Avare
- Le Bourgeois gentilhomme

MONTAIGNE
- Essais

MORPURGO
- Le Roi Arthur

MUSSET
- Lorenzaccio

MUSSO
- Que serais-je sans toi ?

NOTHOMB
- Stupeur et Tremblements

ORWELL
- La Ferme des animaux
- 1984

PAGNOL
- La Gloire de mon père

PANCOL
- Les Yeux jaunes des crocodiles

PASCAL
- Pensées

PENNAC
- Au bonheur des ogres

POE
- La Chute de la maison Usher

PROUST
- Du côté de chez Swann

QUENEAU
- Zazie dans le métro

QUIGNARD
- Tous les matins du monde

RABELAIS
- Gargantua

RACINE
- Andromaque
- Britannicus
- Phèdre

ROUSSEAU
- Confessions

ROSTAND
- Cyrano de Bergerac

ROWLING
- Harry Potter à l'école des sorciers

SAINT-EXUPÉRY
- Le Petit Prince
- Vol de nuit

SARTRE
- Huis clos
- La Nausée
- Les Mouches

SCHLINK
- Le Liseur

SCHMITT
- La Part de l'autre
- Oscar et la Dame rose

SEPULVEDA
- Le Vieux qui lisait des romans d'amour

SHAKESPEARE
- Roméo et Juliette

SIMENON
- Le Chien jaune

STEEMAN
- L'Assassin habite au 21

STEINBECK
- Des souris et des hommes

STENDHAL
- Le Rouge et le Noir

STEVENSON
- L'Île au trésor

SÜSKIND
- Le Parfum

TOLSTOÏ
- Anna Karénine

TOURNIER
- Vendredi ou la Vie sauvage

TOUSSAINT
- Fuir

UHLMAN
- L'Ami retrouvé

VERNE
- Le Tour du monde en 80 jours
- Vingt mille lieues sous les mers
- Voyage au centre de la terre

VIAN
- L'Écume des jours

VOLTAIRE
- Candide

WELLS
- La Guerre des mondes

YOURCENAR
- Mémoires d'Hadrien

ZOLA
- Au bonheur des dames
- L'Assommoir
- Germinal

ZWEIG
- Le Joueur d'échecs

Et beaucoup d'autres sur lePetitLittéraire.fr

© **LePetitLittéraire.fr, 2013. Tous droits réservés.**

www.lepetitlitteraire.fr

ISBN version imprimée : 978-2-8062-1394-5
ISBN version numérique : 978-2-8062-1889-6
Dépôt légal : D/2013/12.603/373